✦ *Couverture : le 102ᵉ RI de Paris et Chartres rattaché à la 7ᵉ DI combat en août en Belgique où il subit de lourdes pertes. Il retraite et participe à la bataille de la Marne à Nanteuil transporté entre autres par les célèbres Taxis.*

OREP
EDITIONS

15, rue de Largerie - 14480 Cully
Tél. (33) 02 31 08 31 08
Fax : (33) 02 31 08 31 09
www.orepeditions.com
info@orepeditions.com

Éditeur : Philippe PIQUE
Assistante éditoriale : Evelyne BEUZIT
Mise en pages : Laurent SAND

Conception graphique : OREP
ISBN : 978-2-915762-58-7
Copyright OREP 2008
Tous droits réservés

Dépôt légal : 2ᵉ trimestre 2011

On les aura !

INTRODUCTION .... p. 2

1914
✦ DE LA GUERRE DE MOUVEMENT À LA GUERRE DE POSITION .... p. 3
   Septembre, la Marne : fantassin du 58ᵉ RI .... p. 4
   Équipements individuels et collectifs .... p. 5
   Outils portatifs du soldat individuels ou collectifs .... p. 6
   L'officier en campagne .... p. 7

1915
✦ L'ENLISEMENT ET LES GRANDES OFFENSIVES .... p. 8
   La métamorphose .... p. 9
   Les coiffures .... p. 10
   Le casque Adrian modèle 1915 .... p. 11
   La nouvelle tenue de l'officier .... p. 12

1916
✦ VERDUN, LA TRAGÉDIE DE DEUX NATIONS .... p. 13
   « On ne passe pas » soldat du 44ᵉ RI .... p. 14
   L'armement individuel .... p. 15

1917
✦ LES SACRIFIÉS DU CHEMIN DES DAMES .... p. 19
   L'armement collectif .... p. 20
   Correspondances et journaux de tranchées .... p. 23
   L'art dans les tranchées .... p. 24

1918
✦ LES DERNIERS SACRIFICES .... p. 25
   Les décorations .... p. 26
   Les médailles commémoratives d'après guerre .... p. 27

- Comment interpréter une photo familiale .... p. 28
- Adresses utiles .... p. 29
- Reliques du champ de bataille .... p. 30

CONCLUSION / REMERCIEMENTS .... p. 31/32

1914

Coëtquidan le 9-7-14

Souvenir d'un
ami en manoeuvre
à Coëtquidan —
heureusement qu'elle se
termine demain
Bien le bonjour
à Jeanne à Gaspard
à Chavaline
Chéri

INTRODUCTION

DE LA PAIX À LA GUERRE

Ce qu'ignorait notre conscrit en écrivant cette carte, c'est que la manœuvre allait se transformer en guerre 24 jours plus tard… En effet, avec l'assassinat le 28 juin 1914 de l'archiduc François-Ferdinand à Sarajevo, c'est l'Europe entière qui va s'embraser pour quatre ans et faire plus de 8,5 millions de victimes.

DE LA GUERRE DE MOUVEMENT À LA GUERRE DE POSITION

◆ *Le 16ᵉ RI de Clermont-Ferrand affecté à la 25ᵉ DI fait mouvement en août par voie ferrée dans l'est et participe aux premières offensives victorieuses à Épinal. Septembre le voit stationné dans les Vosges à Xaffeviller.*

Le fantassin mobilisé le 2 août 1914 entre en guerre avec une tenue proche de celle de son aîné de 1870.

Après de nombreux combats dans les Vosges et en Lorraine qui se soldent notamment par la perte de forts, l'armée française remporte sa première vraie victoire lors de la bataille de la Marne entre le 5 et le 10 septembre. Après quatre mois de combats incessants, l'armée est saignée à blanc. La course à la mer se termine également par une défaite allemande : les lignes entre les Alliés n'ont pu être enfoncées. L'état-major français, qui escomptait une victoire rapide grâce à la mobilité de ses troupes, doit repenser sa stratégie. C'en est fini de la guerre de mouvement.

À partir de novembre, le front est stabilisé ; les hommes s'enterrent, les tranchées se creusent : la guerre de position fait son apparition.
La tenue garance, avec son pantalon rouge vif, se retrouve totalement inadaptée car beaucoup trop visible face à une armée allemande qui, elle, a adopté une couleur uniformément verte pour son infanterie.

Dès septembre, la décision est prise de modifier l'uniforme par des tenues simplifiées de couleur bleu clair, plus connue à partir de 1915 sous le terme de bleu horizon. Mais les terribles pertes de l'été 14 ont vidé les dépôts d'uniformes et d'équipements.
En attendant, certaines unités vont porter la tenue garance jusqu'en 1915, en essayant tant bien que mal de camoufler cette couleur rouge si voyante. D'autres se verront affublées de vêtements civils militarisés (notamment des pantalons et vestes en velours) ainsi que de vieux stocks d'équipements datant pour certains du Second Empire.

Il en va de même pour l'armement, car les pertes de l'été ne peuvent être compensées dans l'immédiat. Dans les tranchées, ce sont souvent les soldats qui improvisent de nouvelles armes, comme des arbalètes destinées à envoyer des grenades. On ressort également des arsenaux des mortiers de siège vieux de 50 ans.

Toute l'intendance a été conçue pour une guerre de mouvement, mais certainement pas pour un front de près de 1 000 km de tranchées.

1914 1915 1916 1917

1914 SEPTEMBRE, LA MARNE

✦ Sur son dos, le barda est constitué du havresac Mle* 1893 (Azor dans l'argot militaire) surmonté de sa couverture et de sa gamelle Mle 1852. La 3ᵉ cartouchière est bien visible ainsi que le seau de toile Mle 1881 arrimé sur le havresac. La musette Mle 1892 contient les brodequins de rechange, les vivres et couverts mais surtout tous ses trésors personnels…

✦ Fantassin du 58ᵉ RI* d'Avignon et du Vaucluse qui participe à la bataille de la Marne en septembre 1914. Notre soldat est équipé du képi Mle 1884 recouvert de son couvre-képi Mle 1913. Il porte la capote gris de fer bleuté Mle 1877, ceinturon à plaque Mle 1845, bretelles de suspension Mle 1892, cartouchières Mle 1888, étui musette Mle 1892 et le bidon d'un litre Mle 1877 avec son quart Mle 1865. Son pantalon est le Mle 1867 accompagné de brodequins Mle 1912 et de jambières Mle 1913. L'armement se compose du Lebel Mle 1886/93 accompagné de sa baïonnette à quillon Mle 1888.

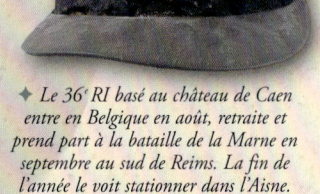

✦ Le 36ᵉ RI basé au château de Caen entre en Belgique en août, retraite et prend part à la bataille de la Marne en septembre au sud de Reims. La fin de l'année le voit stationner dans l'Aisne.

✦ Le 329ᵉ RI est le régiment de réserve du 129ᵉ RI du Havre. Il avance vers Charleroi, retraite et participe à la Marne près de Montmirail.

* Mle : Modèle
* RI : Régiment d'Infanterie

ÉQUIPEMENTS INDIVIDUELS ET COLLECTIFS

Notre soldat, en plus de son armement, transporte avec lui de quoi subvenir à ses nombreux besoins en campagne. Pour se nourrir, il possède sa gamelle et ses couverts, ainsi que sa gourde, d'une contenance d'un litre et demi. Il transporte également pour se protéger la demi-toile de tente Mle 1887.

Mais il n'est pas rare qu'en plus de son barda réglementaire notre homme emporte des objets personnels, dont ses courriers et des objets achetés en foyer, trouvés dans des maisons en ruine ou récupérés chez l'adversaire.

✦ *Pour tromper l'ennui et se réchauffer en hiver la pipe est d'un grand réconfort. Le briquet est fabriqué à partir d'une douille et le tabac est stocké dans une cartouchière allemande découpée.*

✦ *Gamelle Mle 1852 et quart Mle 1852 porté sur la gourde.*

✦ *Indispensable pour l'identification, la plaque d'identité Mle 1881 est attachée au poignet. Le livret individuel est placé dans la capote et sert de pièce d'identité. Le livret ainsi que les plaques appartiennent au soldat Vuillemin que l'on aperçoit à gauche sur la photo.*

✦ *Lanterne Montjardet Mle 1910 avec son étui contenant deux bougies et un porte-bougie civil.*

✦ *Nécessaire de couture et de nettoyage.*

✦ *Posés sur un mouchoir patriotique à la gloire des Alliés, les couverts avec une boîte à biscuits et une boîte de chocolat.*

1914 1915 1916 1917 1918

5

OUTILS PORTATIFS DU SOLDAT INDIVIDUELS OU COLLECTIFS

✦ Pioche avec sa housse.

✦ Hache à main avec sa housse.

✦ Pelle pioche Seurre Mle 1909.

✦ La pelle bêche Mle 1879 arrimée sur le côté gauche qui se révèle vite inefficace pour de gros travaux de terrassement.

✦ Scie articulée Mle 1879 avec son étui en forme de cartouchière.

✦ Havresac emportant le fer de la pelle ronde Mle 1916.

✦ Serpe avec son étui en cuir.

✦ Cisaille Mle 1905 et son étui incontournable pour les barbelés.

✦ Port de la serpe sur le havresac avec le bouthéon de campement Mle 1887 distribué à raison de quatre par escouade.

L'OFFICIER EN CAMPAGNE

1914

ADJUDANT DU 163ᵉ RI DE NICE

Il s'agit de la tenue d'un sous-officier, mais l'apparence physique est identique. Majoritairement, les officiers sortent de l'école de Saint-Cyr qui les forme en deux ans. Le 2 août, la promotion Montmirail est mise sur le pied de guerre sans avoir tout à fait terminé son instruction et envoyée directement en garnison ou sur le front. Parmi ces jeunes officiers, on notera un certain de Lattre de Tassigny ainsi que mon grand-père, qui, envoyé au fort de Manonviller, est fait prisonnier 26 jours après… Dans cette promotion, seulement 288 sur les 456 verront l'année 1919.

✦ Sabre Mle 1882 d'ordonnance porté les premiers jours pour le panache mais bien vite laissé à l'arrière du fait de son encombrement et de son inutilité au combat.

✦ Revolver Mle 1892 avec son étui (en l'occurrence celui de mon grand-père conservé durant sa captivité et bien daté de 1914 !).

✦ Les jumelles deviennent réglementaires en tenue de campagne le 6 juin 1890. À noter sur les plaques en cuivre de chaque côté les dimensions d'un fantassin et d'un cavalier.

✦ Sur cette photo du 202ᵉ RI de Granville sur le pied de guerre en août, l'état-major Lieutenant-colonel est au premier plan. Le régiment combat en août dans les Ardennes rattaché à la 60ᵉ DI, puis se replie et combat dans la Meuse. Il est engagé durant la bataille de la Marne en septembre. En décembre, il est en Champagne où il livre de violents combats notamment au moulin de Souain.

✦ Adjudant du 163ᵉ RI de Nice qui combat en septembre dans la Meuse puis dans les Flandres. Décembre le voit cantonné à Flirey où se déroulent de violents combats pour s'opposer à l'avance allemande dans le saillant de St Mihiel. Notre adjudant est équipé comme un officier même si le sabre d'infanterie n'est plus emporté au combat. La canne dans les tranchées devient vite un attribut de commandement. Il est habillé d'une vareuse adoptée en 1913 et devenue obligatoire en avril 1914. Le pantalon est le garance identique à celui de la troupe. Le reste de son équipement est constitué du revolver Mle 1892 dans son étui, des jumelles, d'un sifflet, d'une boussole et d'un porte-cartes. Le couvre-képi est de rigueur à des fins de camouflage.

7

1915

L'ENLISEMENT ET LES GRANDES OFFENSIVES

Le premier hiver voit notre fantassin enfoui dans des tranchées où la boue règne de manière omniprésente suite aux pluies d'automne.

Ensuite, le froid et la neige figent les opérations. L'intendance n'a pas prévu les tenues nécessaires et nos soldats se retrouvent vêtus de peaux de bêtes, pulls, écharpes et autres vêtements chauds envoyés par la famille ou récupérés dans les villages dévastés et abandonnés. La guerre que l'on pensait si rapide s'est maintenant transformée en une guerre de position. Les belligérants se sont installés tant bien que mal dans les tranchées, même si, dans le haut commandement, rien n'a été prévu pour cela. Afin de récompenser les survivants de l'été 1914, est créée le 4 février 1915 la Croix de guerre, dont 2 millions vont être décernées durant le conflit.

Le 22 avril reste une date à part. Pour la première fois, un gaz toxique (le chlore) est utilisé à Ypres en Belgique. Les soldats sont pris de panique, incapables de se protéger de ce nouveau fléau. 3 000 hommes périssent ce jour-là.

À la fin du conflit, 1 200 000 hommes auront été touchés par les gaz, et 91 000 en mourront. Les gaz, l'aviation, les lance-flammes : autant d'armes nouvelles qui se développent en ce début de guerre et font toujours plus de victimes.

Le printemps voit se dérouler les grandes offensives meurtrières des Vosges jusqu'au nord de la France. Les belligérants espèrent effectuer la percée qui leur permettrait de retrouver la guerre de mouvement et de vaincre plus rapidement leur adversaire. C'est dans ce contexte que Joffre prononce cette célèbre phrase : « je les grignote », qui symbolise bien cette année.

Les Éparges, Notre-Dame-de-Lorette, le Vieil-Armand : autant de noms symboles de ce grignotage, pour lequel des milliers de combattants sont morts afin de gagner (ou perdre…) quelques mètres de tranchées.
L'Allemagne, mieux préparée, dispose de nombreuses mitrailleuses mais surtout d'une puissante artillerie de tous calibres qui occasionne à nos troupes de nombreux tués et blessés.

Pour pallier ces pertes, de nouveaux contingents sont mobilisés et l'armée fait feu de tout bois pour les équiper. Les stocks sont vidés : équipements en toile de fortune et vêtements civils militarisés font leur apparition.

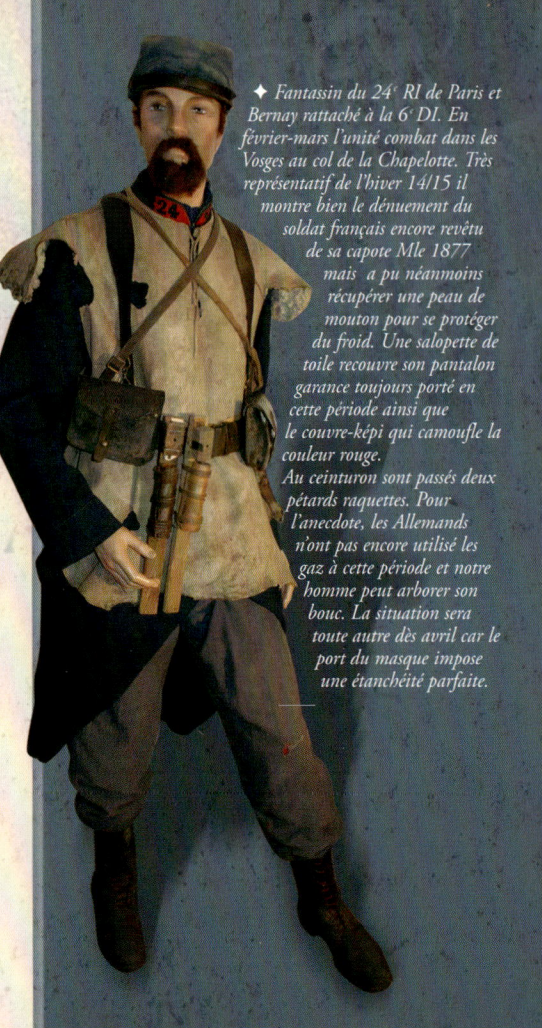

◆ Fantassin du 24ᵉ RI de Paris et Bernay rattaché à la 6ᵉ DI. En février-mars l'unité combat dans les Vosges au col de la Chapelotte. Très représentatif de l'hiver 14/15 il montre bien le dénuement du soldat français encore revêtu de sa capote Mle 1877 mais a pu néanmoins récupérer une peau de mouton pour se protéger du froid. Une salopette de toile recouvre son pantalon garance toujours porté en cette période ainsi que le couvre-képi qui camoufle la couleur rouge. Au ceinturon sont passés deux pétards raquettes. Pour l'anecdote, les Allemands n'ont pas encore utilisé les gaz à cette période et notre homme peut arborer son bouc. La situation sera toute autre dès avril car le port du masque impose une étanchéité parfaite.

◆ Ce groupe examinant un projectile de Minenwerfer est représentatif des tenues de 1915. Les cartouchières en tissu ont remplacé celles en cuir. Des effets de velours côtoient des capotes Mle 1877 ainsi que des capotes Poiret Mle 1915. La spectaculaire baïonnette du fusil Gras est bien visible même s'il n'est plus employé au combat. La couleur bleu horizon clair ressort bien sur ce cliché.

LA MÉTAMORPHOSE

LES GAZ

Les premières protections contre les gaz sont constituées de tampons imprégnés d'une solution d'hyposulfite et de carbonate de soude, conjointement avec le port de lunettes étanches. De nombreux modèles vont être élaborés, mais les principaux restent les compresses C1 ainsi que les tampons P1 ou P2.

✦ *Tampons T avec ses lunettes de protection (à partir de décembre 1915).*

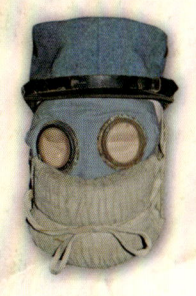

✦ *Port de la compresse C1 (à partir de mai 1915).*

✦ *Étui pochette C1.*

LES ÉQUIPEMENTS ERSATZ

✦ *La boucle de ceinturon devient aussi bleu horizon.*

✦ *Le tissu étant rationné, on découpe des capotes usagées pour recouvrir le bidon Mle 1877.*

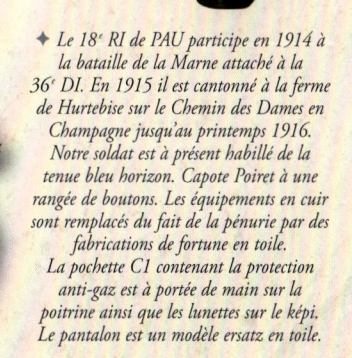

✦ *Cartouchières et bretelles de suspension en toile.*

✦ Le 18ᵉ RI de PAU participe en 1914 à la bataille de la Marne attaché à la 36ᵉ DI. En 1915 il est cantonné à la ferme de Hurtebise sur le Chemin des Dames en Champagne jusqu'au printemps 1916. Notre soldat est à présent habillé de la tenue bleu horizon. Capote Poiret à une rangée de boutons. Les équipements en cuir sont remplacés du fait de la pénurie par des fabrications de fortune en toile. La pochette C1 contenant la protection anti-gaz est à portée de main sur la poitrine ainsi que les lunettes sur le képi. Le pantalon est un modèle ersatz en toile.

LES COIFFURES

LES KÉPIS

L'utilisation massive de l'artillerie occasionne de nombreux blessés, notamment à la tête, car le képi en toile n'est d'aucune utilité. Dans un premier temps, l'intendance livre à partir de mars 1915 une calotte protège-tête, la cervelière, qui à l'usage, se révèle inefficace.

✦ Mle 1914 en tissu gris de fer bleuté ici avec lunettes de protection.

✦ Képi du commerce acheté à titre personnel par un soldat plus argenté que ses camarades.

✦ Mle 1884 recouvert de son couvre-képi Mle 1913 qui laisse apparaître le n° du régiment.

✦ Mle 1914 en gris de fer bleuté. Le n° du régiment provient d'un képi Mle 1884. Le 67e RI de Soissons combat dans les Éparges puis en fin d'année à Souain.

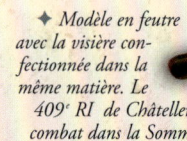

✦ Modèle en feutre avec la visière confectionnée dans la même matière. Le 409e RI de Châtellerault combat dans la Somme en 1915.

LE CASQUE ADRIAN MODÈLE 1915

C'est finalement le 10 mai qu'est adopté le casque baptisé ADRIAN, du nom de son concepteur. Fin août, celui-ci sera distribué massivement en première ligne.

De couleur bleu clair à l'origine, il est repeint d'un bleu plus foncé à partir de 1916. Ce casque moins performant que son homologue allemand reste néanmoins le symbole du Poilu, et fin 1918 chaque homme mobilisé peut rapporter son casque orné en 1919 d'une plaque portant l'inscription « soldat de la Grande Guerre 1914-1918 ». En tout, 20 millions de casques sont fabriqués en trois ans. La silhouette du fantassin est devenue identique avec la tenue bleu horizon. Seuls les attributs d'armes sur le casque permettent de différencier les soldats.

Le cliché ci-dessous nous montre la distribution du casque sur le front. Les hommes tiennent encore leur képi à la main et les casques sont neufs et encore emballés.

✦ *Infanterie (à noter le même de couleur moutarde pour la Légion).*

✦ *Infanterie coloniale.*

✦ *Artillerie.*

✦ *Chasseur.*

✦ *Génie.*

✦ *Service de santé.*

✦ *Troupes d'Afrique (Zouaves, tirailleurs, etc.) avec sa typique couleur moutarde identique à la Légion.*

LA NOUVELLE TENUE DE L'OFFICIER

Tout comme ses soldats, l'uniforme de l'officier s'est standardisé avec la nouvelle tenue bleu horizon. Le but est bien sûr de le rendre moins visible face à l'ennemi en le fondant avec le reste de la troupe et une des conséquences est le retrait, entre autres, du sabre des premières lignes.

En cette année 1915 nombreux sont ceux qui ont pu se procurer des effets civils et imperméables afin de lutter contre la pluie et le froid.

En effet, à l'arrière du front s'est créée toute une industrie afin de fournir aux soldats des vêtements de coupe militaire en complément des tenues réglementaires.

✦ Képi du commerce avec grade de commandant.

✦ Casque de général de division (3 étoiles) avec sa jugulaire tressée.

✦ La liaison avec l'artillerie s'effectue grâce au lance-fusées. En effet, selon la couleur de la fusée tirée, les artilleurs savent s'ils doivent allonger ou réduire leur tir. Les liaisons radio étant inexistantes, il reste le seul lien avec les unités restées à l'arrière.

✦ Présent dans les tranchées, l'officier risque aussi sa vie avec ses hommes. Témoins, ces jumelles dans leur étui traversées par un éclat d'obus.

✦ Un lieutenant en tenue homogène. Le sabre n'est là que pour la photo afin d'impressionner la famille, mais cela fait bien longtemps qu'il n'est plus emporté au combat. Le képi du commerce est porté démuni d'insignes. Les galons de grade (deux pour un lieutenant) sont visibles au bas de la manche droite.
Les jambières sont un achat personnel de même que les brodequins. En tenue de combat il porte son revolver Mle 1892 ainsi que le porte-cartes.
La protection anti-gaz est aussi emportée.

VERDUN, LA TRAGÉDIE DE DEUX NATIONS

L'année 1916 va être le théâtre des deux plus grandes batailles de la première guerre.

Dès le 21 février, l'offensive allemande sur Verdun ainsi que la prise du Fort de Douaumont sont le prélude à une résistance acharnée du côté français.

Les renforts ainsi que le ravitaillement transitent jour et nuit par la Voie Sacrée qui relie Verdun à Bar-le-Duc afin de compenser les pertes innombrables. Les soldats sont littéralement matraqués et broyés par l'artillerie, les mitrailleuses et bien sûr les gaz.

Un million d'obus allemands sont tirés dès le premier jour de la bataille.

Pour notre Poilu, la montée en ligne est bien souvent synonyme de non-retour. On estime que tous les régiments français sont passés au moins une fois par Verdun, ce qui donne une idée de l'ampleur des pertes. En effet, la Noria permet de relever les troupes afin de leur donner un peu de repos et de reconstituer les effectifs, ce qui n'est pas le cas de l'armée allemande, où les mêmes régiments combattent du début à la fin. Pour les Français et les Allemands, le nom de Verdun devient le synonyme de l'enfer. Des villages sont à tout jamais rayés de la carte.

De plus, le 1er juillet, démarre l'offensive franco-britannique sur la Somme, qui se solde dans les deux camps par les pertes en tués, blessés et disparus les plus importantes de la guerre : 1 300 000 hommes…

Cette année 1916, comme le nom de Verdun, reste par la violence de ses combats le symbole de cette guerre.

La silhouette du Poilu en tenue bleu horizon et casque Adrian vient d'entrer dans l'Histoire.

« ON NE PASSE PAS » SOLDAT DU 44ᵉ RI

Fantassin du 44ᵉ RI de Lons-le-Saulnier et de Montbeliard. Le régiment rattaché à la 14ᵉ DI combat en début d'année à Verdun notamment à Bezonvaux ainsi qu'à l'étang de Vaux. Au mois d'août il se retrouve engagé dans la bataille de la Somme aux côtés des Anglais. Enfin en octobre 1916, le régiment combat en Champagne. Notre soldat porte la tenue quasi-définitive, à savoir la capote à double rangée de boutons et coiffé de son casque Adrian recouvert d'une peinture plus foncée. Le fusil reste le Lebel Mle 1886/93. Le masque à gaz M2 est en position d'attente sur la poitrine avant l'attaque. Sa boîte de rangement se situe sous la cartouchière gauche et la musette du masque est aussi sortie. Il emporte tout son paquetage d'assaut.

L'ARMEMENT INDIVIDUEL

LES GRENADES

Le combat dans les tranchées impose une proximité entre les combattants. Là où une arme à feu se révèle inefficace, la grenade entraîne la destruction tout en laissant le soldat à couvert.

Une fois encore, la France accuse un retard par rapport à l'Allemagne déjà bien pourvue de différents modèles, comme les grenades à fragmentation.
On réutilise dans un premier temps les vieux stocks, puis des fabrications de fortune font leur apparition (balles de tennis remplies de poudre…). 1915 voit l'arrivée de la grenade F1, qui préfigure l'archétype de la grenade moderne avec ses nombreuses facettes favorisant une plus large dispersion des éclats.

Lors de l'assaut, elles sont transportées dans les poches de la capote ou bien dans la musette Mle 1861.

De même, est adapté au bout du fusil un tromblon qui permet le tir de grenades VB à plus longue distance.

✦ Le pétard raquette n'est qu'un bout de bois sur lequel est fixé un explosif (de la mélinite 100 g) retenu par du fil de fer. Tout aussi dangereux pour son utilisateur, il est néanmoins largement utilisé au début du conflit.

✦ Pétard pour destruction de barbelés de 400 g adopté en 1915.

✦ Le tromblon VB (Vivien-Bessières) est un dispositif qui se fixe au bout du canon de n'importe quel fusil et permet le tir de grenades à une plus grande distance et avec plus de précision puisque le fusil peut être calé. La portée moyenne d'une grenade lancée à la main est d'environ 35 m alors qu'une VB peut être propulsée à 190 m.

✦ La grenade VB explosive à côté d'une cartouche éclairante à parachute, tirée elle aussi par le tromblon et destinée à illuminer le no man's land.

a. Grenade P1 Mle 1915.
b. Grenade Besozzi importée d'Italie début 1915 puis fabriquée en France.
c1. Grenade Citron Foug adoptée en 1916.
c2. Grenade Citron Foug de fouille encore recouverte de sa protection de tôle.
d. Grenade Mle 1847 avec fusée Mle 1882.
e. Grenade F1 avec allumeur à percussion Mle 1915.
f. Idem avec le BA Mle 1916.

15

REVOLVERS ET PISTOLETS

En armes de poing, l'armée dispose essentiellement de deux revolvers réglementaires : le 1873 en seconde ligne et son remplaçant, le 1892, de calibre 8 mm. Les utilisateurs en sont bien sûr les officiers et sous-officiers mais aussi certains soldats spécialistes, comme les mitrailleurs, pour leur défense rapprochée.

Les stocks n'étant pas suffisants et les pertes importantes, on doit se résoudre à commander en Espagne de nombreux revolvers, copies d'armes américaines comme les Smith&Wesson et autres colts. Le plus connu reste cependant le Ruby de calibre 7,65, construit à Eibar.

◆ Pour des raisons économiques et de rapidité de fabrication, l'étui pour le Mle 1892 est simplifié.

◆ Le pistolet automatique dit RUBY en cal 7.65, construit par de nombreuses firmes espagnoles, avec son étui. Il fait partie des nombreuses armes commandées en masse à l'Espagne.

◆ Le ruby porté ici par un tireur Chauchat.

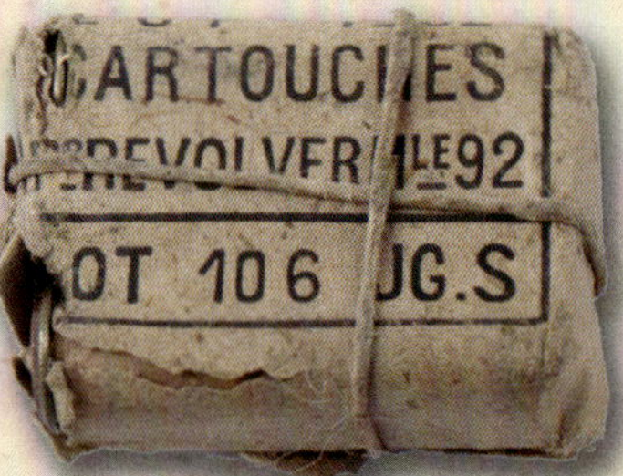

◆ Le conditionnement des cartouches de 8 mm.

◆ Les 2 frères ennemis : le 1892 et le P08. Deux conceptions différentes mais le P08 se révèle plus fragile dans la boue que le 1892 nettement plus rustique.

LES FUSILS

C'est l'invention, en 1886, de la poudre sans fumée qui voit l'apparition d'un nouveau fusil pour l'armée : le LEBEL, destiné à remplacer en première ligne les fusils GRAS alors en usage. Modifié en 1893, il prend son appellation définitive de LEBEL 1886 M 93 ; mais à mesure que le conflit s'enlise, ses défauts se manifestent, comme sa longueur ou sa propension à s'encrasser. Les stocks étant importants, il reste en première ligne jusqu'à la fin, même si les nouveaux contingents sont équipés du fusil BERTHIER 07-15.

Ce dernier se montre notamment plus pratique grâce à son système de chargement par clips de trois coups porté à cinq en 1916 (07-15M16).

1917 marque aussi l'apparition sur le front du fusil semi-automatique Mle 17 destiné, du fait de sa complexité, aux bons tireurs. Cependant, cette arme ne sera pas généralisée durant le conflit.

Mais pour d'autres corps de troupe, comme l'artillerie ou la cavalerie, le fusil se révèle trop encombrant et des carabines plus courtes leur sont affectées.

✦ *Le Gras Mle 1874 en calibre 11 mm.*

✦ *Le Lebel Mle 1886 /93 contenant 8 cartouches en calibre 8 mm fabriqué à plus de 3 500 000 exemplaires.*

✦ *Le Berthier 07/15 à clip de 3 coups en calibre 8 mm.*

✦ *Le nécessaire de nettoyage toutes armes Mle 1898 accompagné de la boîte à graisse.*

✦ *Le Berthier 07/15M16 (lorsqu'il s'agit d'un 07/15 modifié) à clip de 5 coups ou fusil Mle 1916 lorsqu'il est neuf, mais il est peu représentatif car distribué seulement vers la mi-1918.*

✦ *Les clips 3 et 5 coups des fusils Berthier.*

✦ *Le rare FSA Mle 17 calibre 8 mm à clip de 5 coups fabriqué à 87 000 exemplaires.*

LES BAÏONNETTES ET POIGNARDS DE COMBAT

Celle du Lebel porte le surnom de « Rosalie », d'une longueur de 52 cm. Pointue et longue, la lame quadrangulaire inflige de sérieuses blessures à son adversaire mais, dans les tranchées, se révèle peu maniable à cause justement de sa longueur.

En début de guerre elle possède un quillon (pour former les faisceaux d'armes au bivouac), peu pratique dans les tranchées car s'accrochant notamment dans les barbelés. Elle est supprimée fin 1914. Néanmoins, de nombreuses baïonnettes cassées sont recoupées afin de créer de petits poignards de combat bien plus maniables lors d'un combat en corps à corps.

C'est ainsi que dès 1915 de nombreux soldats se trouvent équipés de poignards de toutes origines dont le plus célèbre reste « le vengeur de 1870 » ; certains recevront même des couteaux de bouchers…

Là encore, on puise dans les réserves et l'on fait feu de tout bois.

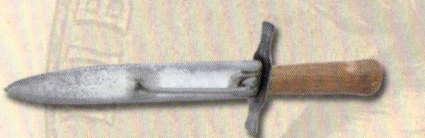

✦ Le plus connu de par son nom symbolique : « le vengeur de 1870 ».

✦ Coutrot n° 6.

✦ Couteau à cran d'arrêt connu sous le nom de « Catalan » distribué à partir de 1915.

✦ Couteau de « boucher » distribué en 1915 avec un étui artisanal.

✦ « Vengeur de 1870 » et son étui en cuir.

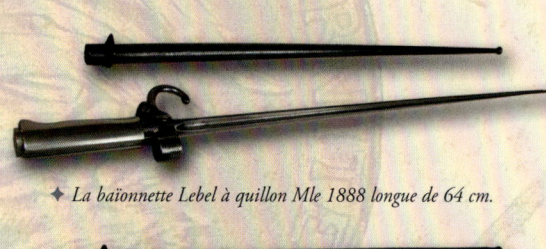

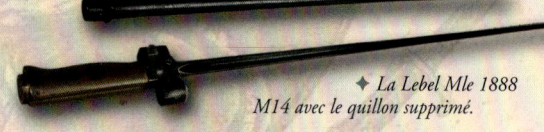

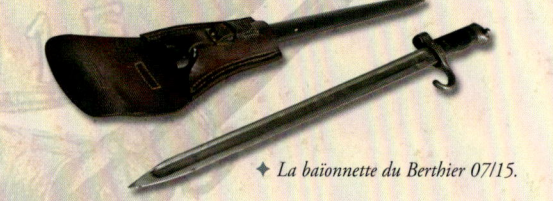

✦ La baïonnette Lebel à quillon Mle 1888 longue de 64 cm.

✦ La Lebel Mle 1888 M14 avec le quillon supprimé.

✦ La baïonnette du Berthier 07/15.

✦ Le couteau de boucher fièrement arboré par le soldat assis à gauche.

LES SACRIFIÉS DU CHEMIN DES DAMES

L'année 1917 est marquée par l'offensive du Chemin des Dames en Champagne, ainsi que par les mutineries suivies d'exécutions.

Après trois ans de combats, l'armée est saignée à blanc. La campagne que l'on espérait rapide s'est transformée en guerre et s'est enlisée. Chaque famille est touchée par le deuil ou le retour de proches mutilés. La France reste toujours envahie sur une large portion de son territoire et les destructions sont intenses. Jamais, jusqu'à présent, un conflit n'avait mobilisé autant d'hommes et fait d'aussi nombreuses victimes.

L'Allemagne, malgré le blocus des Alliés, ne cède pas, et de nouvelles classes, toujours plus jeunes, sont levées pour remplacer les soldats tués, blessés ou faits prisonniers.

C'est dans ce contexte que démarre l'offensive du Chemin des Dames, préparée par le général Nivelle. La préparation d'artillerie ayant été volontairement insuffisante (afin de créer un effet de surprise), le début de l'attaque se transforme en boucherie. Les Allemands bien retranchés accueillent les troupes françaises avec leur artillerie et les mitrailleuses éclaircissent les rangs.

Des régiments entiers qui avaient pris part à l'attaque se retrouvent anéantis, et seuls de petits groupes de soldats peuvent regagner leurs lignes, laissant leurs camarades tués ou blessés sur le no man's land. Dès le premier jour, cette attaque est vouée à l'échec, mais Nivelle ordonne que les assauts continuent. Près de 40 000 combattants vont y laisser leur vie.

Quelques refus d'obéissance isolés avaient déjà eu lieu au cours des trois années de guerre, mais cette dernière offensive marque l'écœurement et la lassitude des soldats devant l'indifférence des officiers supérieurs vis-à-vis des pertes humaines.

On prononce d'abord des jugements pour désertions ou abandons de poste qui se traduisent par des exécutions. Celles-ci ne font qu'exacerber l'amertume des combattants.

Il faut attendre le limogeage du général Nivelle et son remplacement par le général Pétain pour que les mutineries s'atténuent. Ce dernier commence par diminuer les condamnations à mort, puis améliore le quotidien du Poilu et surtout, rétablit les permissions. L'entrée en guerre des États-Unis le 6 avril redonne un peu d'espoir, mais l'armée qui débarque dans un premier temps à Saint-Nazaire est inexpérimentée. Néanmoins, les Américains permettent de compenser la défaillance de la Russie qui, suite à de nombreux mouvements révolutionnaires et plusieurs défaites militaires, signe un traité de paix avec l'Allemagne le 7 décembre.

Au niveau de l'uniforme, peu de changements notables. La tenue bleu horizon s'est homogénéisée et le développement des armes intervient surtout dans les airs. L'aviation est maintenant devenue une arme à part entière. L'arrivée, le 15 septembre 1916, des premiers chars d'assaut anglais à Flers, dans la Somme, a provoqué la stupeur dans les rangs allemands. Les chars français interviennent pour la première fois à Berry-au-Bac, mais, faute d'un solide soutien d'infanterie, cette attaque est un échec.

Il n'en sera pas de même en 1918 : l'apparition en masse des chars Renault FT17 bien appuyés va devenir un élément important de la victoire finale.

✦ *Suite aux mutineries, les permissions sont rétablies et notre tireur Chauchat profite de l'occasion pour se faire tirer le portrait en compagnie de son épouse. Il vient de passer un an au front et a rapporté sa Croix de guerre qu'il arbore fièrement. Son régiment, le 42ᵉ RI de Belfort, a subi de lourdes pertes sur le Chemin des Dames.*

L'ARMEMENT COLLECTIF

LES MITRAILLEUSES

Même si l'invention n'est pas nouvelle, la mitrailleuse va bouleverser les théories sur le champ de bataille. Sa puissance de feu va rendre obsolètes les assauts à la baïonnette et les charges en terrain découvert.

Mais la tactique française est à l'opposé de l'allemande. En effet, chez ces derniers, les mitrailleuses sont utilisées en groupe, ce qui permet par des tirs croisés de stopper toute offensive terrestre. Les bilans meurtriers des premières semaines de guerre sont là pour en témoigner.

Dans l'armée française, les mitrailleuses sont utilisées isolées et sans mission définie, d'où une moins grande efficacité.

Par la suite, l'expérience des premiers mois modifie la tactique d'utilisation. La cadence de tir moyenne de 400 à 500 coups minute permet d'effectuer trois types de tirs principaux : le harcèlement par des tirs sporadiques provoque une fatigue morale chez l'ennemi, le barrage permet de rendre infranchissable une bande de terrain déterminée et enfin la neutralisation empêche l'adversaire de faire usage de ses armes.

On se rend enfin compte que la mitrailleuse peut soutenir l'infanterie et en cela la doctrine française se rapproche de l'allemande.

Pour en arriver à ces conclusions, il aura fallu les milliers de morts de 1914 ; les monuments aux morts sont là pour nous le rappeler…

On distingue deux modèles principaux de mitrailleuses : la Hotchkiss Mle 1914 et la St Étienne Mle 1907, dont la complexité va, à terme, la rendre impopulaire car moins souple d'utilisation que la Hotchkiss. Néanmoins, les deux sont présentes sur le champ de bataille.

◆ St Étienne Mle 1907 calibre 8 mm, 500 cps/mn, poids : 53 kg sur affût omnibus Mle 1915.

✦ Lame chargeur de 25 cartouches de 8 mm.

✦ Caisse d'entretien de la Hotchkiss Mle 1914.

1917

✦ Hotchkiss Mle 1914 calibre 8 mm,
500 cps/mn, poids : 52 kg sur affût Mle 1916.

✦ La caisse spéciale avec sa bande métallique à maillons articulés de 250 coups pour la Hotchkiss.

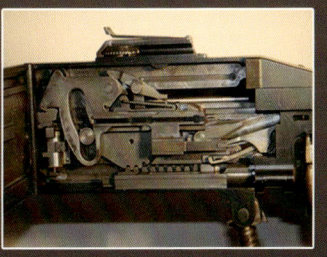

✦ La mécanique complexe de la St Étienne va la rendre vite impopulaire par rapport à la Hotchkiss.

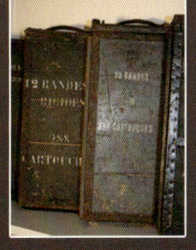

✦ Les lames chargeurs de 25 coups sont transportées par 12 dans la caisse Mle 1915.

TIREUR FM CHAUCHAT

CHEMIN DES DAMES, 1917

Le CHAUCHAT Mle 1915 est le premier fusil mitrailleur livré en nombre à l'armée dès 1915. Malgré de nombreux défauts, dont son chargeur en demi-lune ajouré qui ne demande qu'à se remplir de boue, celui-ci apporte une puissance de feu non négligeable et permet le tir de soutien.

En effet, d'un emploi plus souple que les lourdes mitrailleuses (seulement 9 kg comparés aux 52 kg d'une Hotchkiss !), il permet d'apporter l'arme au plus près de l'ennemi lors d'une avancée dans les lignes ennemies.

✦ *Le havresac spécial Mle 1917 contenant 12 chargeurs est porté par le 1ᵉʳ pourvoyeur.*

✦ *La musette spéciale Mle 1915 contenant 4 chargeurs portée par le tireur et le 1ᵉʳ pourvoyeur.*

✦ *Chargeur demi-lune, livret d'instruction, insigne de spécialité et carnet d'instruction pour le tir au Chauchat.*

✦ *Tireur Chauchat du 31ᵉ RI de Paris rattaché à la 10ᵉ DI ; il combat sur le Chemin des Dames au bois des Buttes. Notre homme est équipé des portes chargeurs en forme de demi-lune spécifiques à son arme ainsi que d'un prototype de casque Adrian avec visière Dunand distribué à titre expérimental. En attendant l'attaque, il a sorti de son étui métallique sa musette contenant le masque à gaz M2. Pour sa défense rapprochée il dispose (non visible car fixé à l'arrière au ceinturon) d'un pistolet Ruby. L'équipe Chauchat est formée de trois hommes : un tireur et deux pourvoyeurs.*

CORRESPONDANCES ET JOURNAUX DE TRANCHÉES

La correspondance tient une place importante dans la vie de notre Poilu coupé des siens. La lettre est le seul lien possible avec ses proches. Ceci explique la quantité de lettres et autres journaux tenus au jour le jour par les soldats. Il n'est pas rare qu'un soldat écrive une lettre par jour à sa famille. Bien souvent, une photo-carte est envoyée pour rassurer tout le monde au pays.

Les nouvelles sont généralement réconfortantes pour ceux qui, loin de la guerre, ne sont informés que par une presse rarement objective.

La correspondance permet également l'envoi de vivres et de vêtements afin d'améliorer l'ordinaire. La presse est aussi présente dans les tranchées par l'intermédiaire de journaux écrits par des soldats, bien sûr contrôlés en hauts lieux.

La censure y est omniprésente, de même que dans le courrier. Les défaitistes sont sévèrement surveillés et punis le cas échéant.

Rares sont les courriers reflétant le réel état d'esprit du front.

✦ À la lueur d'une bougie le courrier et les photos d'êtres aimés apportent un peu d'humanité dans cet enfer… La photo des copains d'août 1914 rappelle que beaucoup ne sont plus là, tués, blessés, estropiés ou disparus à tout jamais dans la boue des champs de bataille…

✦ Le 309e RI de Chaumont rattaché à la 71e DI combat dans les Vosges de 1914 à 1916 puis part sur Verdun. Le régiment est dissout en juin 1916. Ce cliché pris en 1915 à Badonviller nous présente l'équipe rédactionnelle de « l'écho des marmites », le journal du 309e. Le secteur serait-il calme ? L'inspiration ne semble pas au rendez-vous !

L'ART DANS LES TRANCHÉES

La vie des tranchées n'est pas faite que de combats. Durant les accalmies, les soldats peuvent améliorer leur quotidien, notamment dans la tranchée.

La chasse aux totos (poux) et aux rats permet de diminuer l'insalubrité. L'écriture du courrier incite à l'évasion pour un court moment et entretient le lien si important avec la famille.

L'esprit inventif va également se révéler au travers des réalisations faites par ces hommes pour arranger leur vie quotidienne. À l'origine, les menuisiers, maçons et autres sont mis à contribution pour aménager les abris, car rien n'a été prévu par l'état-major pour loger les soldats ; les villages détruits vont fournir autant de matériaux et de mobilier qui vont agrémenter les abris creusés en terre.

Mais une autre facette de leur créativité va vite apparaître : les bombardements continuels permettent aux soldats de récupérer à profusion du cuivre et de l'aluminium qui, travaillés, se transformeront en coupe-papiers, briquets ou autres objets utilitaires.
Loin de leur utilisation originelle, les ceintures d'obus en cuivre ou les fusées en aluminium, une fois fondues et façonnées, vont devenir autant de précieux bijoux que l'on rapporte en permission comme cadeau à sa famille ou à sa fiancée.

Les plus connus restent les douilles gravées, mais les clichés suivants vous donnent un bref aperçu du talent créatif de ces hommes.

✦ Malgré la séparation de l'Église et de l'État en 1905, la religion retrouve son importance face à ce déchaînement de violence. Ainsi ces Christ fixés sur des balles allemandes.

✦ Des ouvre-lettres avec des ceintures d'obus en cuivre et des balles. On fabrique avec ce que l'on trouve, cuivre et laiton sont une mine de métaux inépuisable pour nos Poilus du fait du déferlement d'obus.

✦ Que ce soit l'épouse ou la petite amie, la femme est bien absente des tranchées. Sans doute travail d'un Poilu nostalgique, cette jambe avec jarretière a pu le faire fantasmer lors des terribles combats de Soissons en 1917.

✦ Pour s'éclairer dans la cagna, une grenade F1, 3 ogives de balles, un peu d'essence et le peu de lumière permettent de lire son courrier à l'abri.

LES DERNIERS SACRIFICES : SOLDAT DU 95ᵉ RI DANS LES TRANCHÉES

Suite au traité de paix signé avec la Russie, l'Allemagne a pu rapatrier sur le front ouest de nombreuses divisions.

D'un autre côté, la France peut compter depuis 1917 sur l'apport des troupes américaines qui de 150 000 hommes en janvier 1918 passent à 2 millions en novembre. D'abord inexpérimentées, elles savent vite se mettre à la hauteur de leurs alliés.

Le 21 mars démarre l'offensive Ludendorff qui parvient enfin à effectuer la fameuse percée en bousculant les lignes anglaises. Cette percée est notamment due à l'emploi des troupes d'assaut, récemment créées et employées sur une large échelle. Mais le général Foch, en obtenant le commandement unique des armées, réussit à contrer et à stopper cette première offensive. L'Allemagne, affaiblie par le blocus allié, jette toutes ses forces dans la bataille et de nouvelles offensives sont lancées, notamment sur le Chemin des Dames. Le 30 mai, les Allemands franchissent la Marne à Château-Thierry.

La situation redevient aussi dramatique qu'en septembre 1914 : une dernière attaque, projetée le 15 juillet, a pour but d'enfoncer le clou dans les lignes françaises.

Mais suite à de nombreux interrogatoires de prisonniers allemands, les Alliés connaissent la date précise de cette opération. Cela leur permet de dégarnir le front. Ainsi, le déluge de l'artillerie allemande ne cause que peu de pertes. Une contre-offensive alliée, lancée dès le 18 juillet, rejette les Allemands.

Le 8 août est le jour de deuil de l'armée allemande : les forces franco-britanniques reprennent l'initiative. Dès lors, la guerre de mouvement refait son apparition, après trois années d'immobilité dans les tranchées.

Malgré l'aide américaine, la guerre n'est pas pour autant terminée. L'armée allemande, même affaiblie, résiste toujours et les pertes continuent de s'additionner de part et d'autre du champ de bataille.

Il faut attendre le 7 novembre pour que débutent les premières négociations qui le 11 aboutissent à la signature de l'armistice dans la forêt de Rethondes. Cela mettra fin à quatre années effroyables, qui ont vu toute une jeunesse laminée par des combats dont les nouvelles armes destructrices ont poussé la violence à son paroxysme.

♦ Le 95ᵉ RI de Bourges rattaché à la 16ᵉ DI combat en 1918 en Champagne et participe à la bataille de la Main de Massiges. Notre soldat est armé du Berthier 07/15 et a glissé au ceinturon un couteau du type « Vengeur de 1870 ». Le boîtier du nouveau masque à gaz ARS 18 est bien visible.

♦ Le masque à gaz ARS 18 commence à être distribué en masse dans le courant de l'année en remplacement du M2.

25

LES DÉCORATIONS

Pour récompenser la bravoure de ses soldats, la France ne dispose que de deux décorations principales : la Légion d'honneur, créée par Napoléon Bonaparte en 1802, et la Médaille militaire, créée par Napoléon III en 1852.

Il existe deux ordres distincts pour la Légion d'honneur : la Chevalier (ruban rouge sur la poitrine) et l'Officier (rosette rouge sur la poitrine). Ces décorations sont essentiellement destinées aux officiers.

La Médaille militaire est attribuée aux sous-officiers et soldats dans les conditions suivantes :
– huit années de service ou quatre de campagnes ;
– blessure à l'ennemi ou en service commandé ;
– acte de courage ou de dévouement.

Afin de redonner du moral aux troupes et récompenser les plus méritants, il est décidé de créer en 1915 une nouvelle décoration : la Croix de guerre. C'est entre autres grâce à l'impulsion du LCL Driant que la loi promulguant l'attribution de la Croix de guerre pour les combattants est votée le 8 avril 1915.

Les citations à l'ordre se distinguent de la manière suivante :
Armée : palme en bronze en forme de laurier. Une palme en argent représente cinq palmes de bronze.
Corps d'armée : une étoile en vermeil.
Division : une étoile d'argent.
Brigade ou régiment : une étoile de bronze.
À partir d'avril, les premières sont attribuées et à la fin du conflit, 1 200 000 hommes auront été décorés.

Il faut noter que l'attribution de la Médaille militaire permet d'obtenir la Croix de guerre avec palme.
Enfin, l'insigne des blessés militaires est créé le 27 juillet 1916 et consiste en une barrette colorée comportant au centre une étoile à cinq branches en émail rouge. La médaille n'est, elle, créée qu'à partir de 1920.

◆ *La Légion d'honneur : à gauche officier, à droite chevalier.*

◆ *La Croix de guerre 14-15 et 14-16.*

◆ *La Croix de guerre 14-17 et 14-18.*

◆ *La Médaille militaire.*

◆ *La Croix de guerre avec palme et avec étoile de bronze.*

LES MÉDAILLES COMMÉMORATIVES D'APRÈS-GUERRE

✦ *Un tableau réunissant les médailles, interalliés, croix du combattant et commémorative 1914-1918.*

✦ *La médaille des blessés.*

✦ *La médaille de Verdun.*

✦ *La médaille interalliés.*

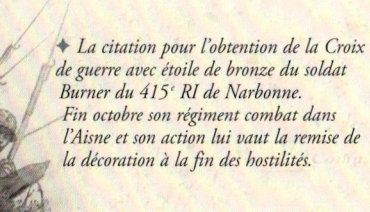

✦ *La citation pour l'obtention de la Croix de guerre avec étoile de bronze du soldat Burner du 415ᵉ RI de Narbonne. Fin octobre son régiment combat dans l'Aisne et son action lui vaut la remise de la décoration à la fin des hostilités.*

✦ *La médaille de l'union nationale des combattants, association toujours active actuellement.*

27

COMMENT INTERPRÉTER UNE PHOTO FAMILIALE

◆ *Cliché n°1*

Nous avons tous au fond de nos tiroirs ou dans de vieux albums de famille des photos de grands-parents ou arrière-grands-parents posant fièrement dans le studio d'un photographe lors d'une permission. Peut-être vous êtes-vous demandé quelle était l'unité de votre aïeul, son grade, la date d'un cliché par rapport à l'uniforme porté ?

Le cliché n°1, assez classique, nous met en présence d'un soldat du 11e RI, son numéro de régiment étant porté sur son képi ainsi que sur ses pattes de col. Le képi et le pantalon manifestement en velours nous indiquent la période 1915. À cette époque, le casque n'est pas encore distribué et la couleur bleu horizon n'a pas encore fait son apparition.

Le cliché n°2 nous met en présence de trois soldats, cette fois-ci avec une tenue homogène bleu horizon. Le personnage en calot à droite porte sur sa manche gauche quatre chevrons en tissu qui indiquent le temps de présence au front. Il est accordé un chevron pour une année de présence effective sur le front et un chevron supplémentaire pour chaque nouvelle période de six mois. Cela nous donne donc deux ans et demi de front, ce qui permet de dater le cliché à la moitié de l'année 1916 si notre soldat a été mobilisé dès août 1914.

Celui du milieu, lui, compte deux ans de front (trois chevrons) ; malheureusement peu visibles sur le haut de sa manche droite figurent les chevrons de blessures : dans son cas un seul (cliché n°3). Il porte par ailleurs entre la Croix de guerre et la Médaille militaire l'insigne des blessés militaires (en fait juste une agrafe : la médaille n'est créée qu'en 1920).

Quant au troisième, il porte au bas de sa manche droite deux demi-chevrons de tissus, indiquant cette fois le grade, qui dans le cas présent, peut être selon la couleur, caporal-chef ou sergent. Là encore les pattes de col nous indiquent le régiment auquel appartient notre soldat.

Enfin, certains soldats peuvent porter sur la manche gauche un brassard noir qui signale un deuil. Du fait du noir et blanc, il est par contre difficile de déterminer la couleur de fond des pattes de col, qui renseigne l'arme à laquelle appartient le soldat. La couleur bleu horizon désigne l'infanterie, le rouge, l'artillerie et le jaune les chasseurs. Un fond couleur moutarde pourra aussi bien définir les troupes coloniales que la Légion.

◆ *Diverses pattes de col de régiments d'infanterie en bleu ou jaune et d'artillerie en rouge.*

◆ *Cliché n°2*

ADRESSES DES DIFFÉRENTES ADMINISTRATIONS OU SERVICES POUR LA RECHERCHE DE SES AÏEULS

La première source de recherche se trouve sur Internet, grâce au site du service historique de la défense : http://www.memoiredeshommes.sga.defense.gouv.fr
Ce site permet notamment de retrouver les fiches écrites à l'époque, qui donnent les circonstances et le lieu de la mort d'un soldat. La recherche se fait à partir du nom de famille et l'on peut découvrir avec émotion les dernières traces d'un ancêtre disparu durant la Grande Guerre.

Dans la continuité de la démarche, le site « sépulture de guerre » indique le lieu d'inhumation et l'endroit où l'on peut se recueillir : http://www.sepulturesdeguerre.sga.defense.gouv.fr
Si vous souhaitez faire des recherches plus approfondies, l'ouvrage **« De la mort à la mémoire »** aux **Éditions OREP**, vous donnera des pistes supplémentaires.

Vous connaissez le régiment de votre grand-père et vous souhaitez connaître son parcours durant la Grande Guerre ? **www.chtimiste.com**, est un site vraiment bien fait où vous trouverez tous les historiques des régiments.

La recherche se fait très facilement et vous permet de retrouver mois après mois leur parcours et leurs combats. D'autres rubriques apportent de nombreuses informations dans beaucoup de domaines et de nombreux liens vers d'autres sites.

✦ *La tombe du lieutenant Provost du 69e RI de Nancy et Toul rattaché à la 11e DI. Début 1915, le régiment est dans les Flandres belges puis, d'avril à juin, il participe à l'offensive d'Artois où le lieutenant Provost tombe le 5 mai. Il est enterré par les Allemands avec cet épitaphe : « den Heldentod für sein Vaterland », que l'on peut traduire par : « la mort du héros pour sa patrie ».*

✦ *Cliché n°3*

29

RELIQUES DU CHAMP DE BATAILLE

Il suffit parfois de peu de choses pour qu'une vie bascule. Ces quelques objets sont là pour le rappeler. Pour certains, la chance fut au rendez-vous : par exemple, cette balle de Lebel dans une cartouchière qui a arrêté un éclat d'obus. Pour d'autres, ces objets criblés d'éclats ramassés sur le champ de bataille restent sans doute les derniers témoins d'une existence humaine. 90 ans après les combats, ils expriment toute la violence de ce conflit et des tragédies vécues…

✦ *Vestiges du Chemin des Dames. Nous avons ramassé cette gamelle en 2007 alors qu'elle traînait par terre depuis 91 ans ! Elle a été pulvérisée par les nombreux éclats d'un obus ayant explosé à proximité. On n'ose imaginer ce qui est advenu du soldat si celui-ci la portait sur son barda…*

✦ *L'utilité du casque est bien réelle en examinant ces trois exemplaires. Sur ce casque moutarde le projectile a traversé, ne laissant pas de chance de survie. De même sur cet Adrian recouvert de son couvre casque adopté fin 1915 à des fins de camouflage. En ce qui concerne le troisième, notre Poilu peut se féliciter de l'avoir eu sur la tête au moment où l'éclat l'a frappé… Sans son casque, il n'aurait jamais pu rapporter ce souvenir chez lui.*

30

CONCLUSION

Le 11 novembre 1918 est enfin signé à Rethondes l'armistice, qui met fin à quatre années de guerre comme le monde n'en a jamais connu. La « DER DES DER » a provoqué 8,5 millions de morts, 20 millions de blessés et de mutilés ainsi que des régions totalement dévastées.

Pour de nombreuses familles, il ne reste plus comme souvenir que la photo du proche disparu dans la fournaise. Après la guerre, on rassemble dans de nombreux cimetières les morts éparpillés sur le front. Pour ceux que la terre a enseveli à tout jamais, les monuments aux morts fleurissent dans toutes les villes et tous les villages de France en mémoire de cette guerre que l'on espère être la dernière.
À Verdun, ceux qui n'ont pu être identifiés sont inhumés dans l'ossuaire de Douaumont inauguré en 1921.

De nos jours, il arrive encore que des soldats soient retrouvés enterrés là où ils sont tombés ; si la plaque est encore présente, l'identification reste possible et permet l'inhumation pour le dernier repos du soldat.

Longtemps incompris, les survivants se sont éteints pour la plupart. Cependant, leur mémoire reste intacte grâce à cette abondante correspondance qu'ils nous ont laissée et qui reste un témoignage de premier plan sur une tragédie qui a englouti et martyrisé toute cette jeunesse des années 1910.

Si la lecture de ce fascicule vous a donné envie de collectionner le matériel militaire de cette période, je peux vous indiquer quelques pistes. Avant toute chose, interrogez votre famille ou votre entourage. Les photos familiales sont abondantes et permettent de retracer le parcours d'un aïeul. Ensuite, les foires aux greniers ou autres déballages sont une source quasi inépuisable de trouvailles. Même si plus de 90 ans se sont écoulés, beaucoup de souvenirs ressurgissent sur des étalages sans que le vendeur sache réellement ce qu'il vend. De nombreux objets dans cette plaquette ont été trouvés récemment sur des foires diverses.

Dernier point important : Peut-être serez-vous tenté de visiter les champs de bataille et pourquoi pas de rapporter quelques souvenirs qui traînent encore par terre. Dans beaucoup d'endroits, la détection est strictement interdite et sévèrement sanctionnée. Mais, plus grave, de nombreuses munitions n'ont pas explosé et jonchent encore le sol.

N'Y TOUCHEZ PAS. L'aspect rouillé ou altéré ne doit pas vous induire en erreur. Ces munitions conçues pour tuer sont toujours actives. Les raisons pour lesquelles elles n'ont pas fonctionné sont multiples, mais elles se révèlent encore plus dangereuses après 90 ans : l'explosif s'est dénaturé. Contactez la gendarmerie et NE LES MANIPULEZ PAS. LE DÉMINAGE EST UN MÉTIER À PART ENTIÈRE QUI NE SOUFFRE AUCUNE ERREUR ; tous les ans plusieurs personnes payent cette erreur de leur vie.

La collection de militaria est une activité passionnante qui permet de voir l'Histoire sous un autre jour, à travers la vie des soldats qui l'ont vécue. Gardez en tête ces conseils de prudence élémentaire.

REMERCIEMENTS

Merci aux collectionneurs qui m'ont apporté leur soutien, leur patience ainsi que leurs connaissances pour la réalisation de ce fascicule.

• En premier lieu, mon ami de longue date Christian Guibelin, sans qui rien n'aurait été possible. Sa collection, fruit de plus de 30 ans de recherches, est la base de ce livre.
Mes remerciements aussi à Daniel Grobey qui, patiemment, m'a mis à disposition ses plus belles pièces.

• De même, je n'oublie pas Mickaël Beaulieu qui m'a permis de photographier de nombreux équipements, et tous ceux qui individuellement m'ont ouvert leurs collections.

• Enfin 2 magasins m'ont été d'une grande aide en me permettant de photographier leurs plus belles pièces : Antiquités Militaires. D. Kittler 37 rue du Gal Leclerc 54670 Custines Tél. : 06.80.16.99.75 et Arromanches Militaria 11 Bd Gilbert Longuet 14117 Arromanches les-bains Tél. : 02.31.21.51.04.

Je suis toujours à la recherche de documents photographiques et d'équipements divers sur cette période. Vous pourriez donc me contacter à cette adresse : YT1418@aol.com

✦ Dès la fin du conflit, le champ de bataille se visite. Ici en 1922, des promeneurs en canotiers sur le Fort-de-Vaux haut lieu de la bataille de Verdun devenu bien calme 4 ans plus tard.

DANS LA MÊME COLLECTION

aux éditions OREP

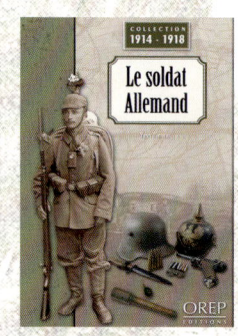

✦ Le Soldat allemand

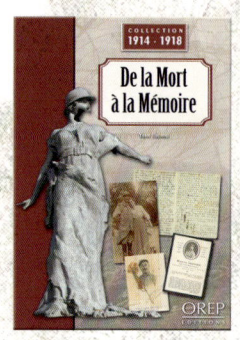

✦ De la Mort à la Mémoire

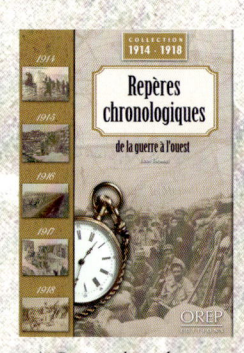

✦ Repères chronologiques de la guerre à l'ouest